27
Ln 10542.

NAUFRAGE
ET
RETOUR EN EUROPE
DE MONSIEUR LE COMTE
DE KEARNEY.

MULTUM ILLE ET TERRIS JACTATUS ET ALTO.
Æneid. I.

LETTRE
A M. LE COMTE
D'ESTAING,
CHEVALIER DES ORDRES DU ROI,
LIEUTENANT-GÉNÉRAL
DE TERRE ET DE MER DES ARMÉES DE SA MAJESTÉ;

CONTENANT un détail du Naufrage dans l'Inde, & du Retour en Europe du Comte DE KEARNEY, Colonel*, ci-devant Aide-Maréchal-Général des Logis de l'Armée du ROI dans l'Inde.

MONSIEUR LE COMTE,

AUSSI-TÔT que ma santé rétablie, m'a rendu la liberté d'esprit nécessaire, j'en ai fait le premier usage que votre constante amitié pour moi me prescrivoit d'en faire. Vous désiriez depuis long-temps être instruit des circonstances de mon naufrage sur les côtes de Coromandel, & de mon retour en Europe. En vous adressant ce récit, Monsieur le Comte, je vais satisfaire à la fois deux sentimens naturels : je goûterai le plaisir de toucher une ame sensible ; j'éprouverai moi-même celui de me retracer des malheurs dont l'image, dans le sein du repos, occupe toujours agréablement ceux qui les ont essuyés.

Vous sçavez, Monsieur le Comte, ce que j'ai commencé à souffrir en allant dans l'Inde sur le Vaisseau *le Bien-aimé*, où une espece de contagion emporta plus des deux tiers de notre Etat-Major. Un autre que moi compteroit pour beaucoup d'être échappé d'une maladie de quatre à cinq mois, qui me réduisit au point d'être abandonné des Médecins de l'Escadre ; de plus grands maux m'ont fait dans la suite oublier ceux-là.

Après votre départ de l'Inde, je fus fait prisonnier de guerre par les Anglois, à la bataille de Vandevachy (1) ; & je pourrois com-

---

(1) Petit Fort dans les terres, entre Madras & Pondichery.

mencer à cette époque l'Iliade de mes malheurs. Car les Anglois n'ofant pas me faire conduire à leur camp, de crainte que je ne fuffe repris par nos Huffards, qu'ils voyoient derriere eux, me faifoient paffer, à chaque charge, de pelotons en pelotons, & je fus par conféquent expofé, pendant toute l'action, au feu de nos troupes. Il eft vrai que les Officiers m'en marquerent bien leur chagrin ; le Général Anglois voulut même me confoler de l'aventure, en m'apprenant que vous en aviez effuyé, Monfieur le Comte, une toute femblable avant moi. Trouvez bon que je vous rappelle une occafion fi glorieufe pour vous. Lorfque nous marchâmes à Madras, (je parle comme témoin oculaire) ce fut vous, Monfieur le Comte, qui, par vos bonnes difpofitions, par la bravoure, & furtout par la rapidité avec laquelle vous emportâtes tous les poftes que l'Ennemi avoit en avant, nous mit en état d'inveftir la Place. Malheureufement pour la fuite d'une expédition fi bien commencée, vous fûtes fait prifonnier dans la premiere fortie des Anglois : c'eft-là que, pendant tout le combat, vous reftâtes entre leurs mains expofé à la vivacité de notre feu, & que vous courûtes les plus grands rifques.

Pour revenir à ce qui me regarde, je fus traité par les Vainqueurs avec toute la générosité possible; ils firent même tout ce qu'ils purent pour me conserver mon équipage. Mais je perdis absolument tout ce que j'avois porté avec moi pour la campagne; les Cipayes Anglois me pillerent sans ménagement. Vous connoissez cette Milice indisciplinable: ils ne comprennent point qu'on puisse traiter en amis, c'est-à-dire, ménager le moins du monde, des gens qui ont été & qui peuvent être encore Ennemis.

Je couchai une nuit dans le Camp des Anglois, & le Colonel *Caillot*, que vous connoissez, eut pour moi les plus grands égards. J'obtins dès le lendemain la permission d'aller, sur ma parole, à Pondichery; j'y restai pendant quelques mois, & je fis inutilement tout ce que je pus pour me faire échanger. Quand la Place fut investie par les Anglois, je fus sommé, comme prisonnier de guerre, sur ma parole, de me rendre à Madras. Je m'y rendis, & j'y trouvai près des deux tiers des Officiers de l'Armée du Roi, pris en différentes occasions. J'étois donc à Madras, lorsque les Anglois, devenus maîtres de Pondichery, prirent la résolution d'envoyer tous les Officiers François en Angleterre. On ne manqua pas de m'avertir de me tenir prêt pour m'embarquer incessamment. J'appris en même temps qu'il falloit, tous tant que nous étions de Prisonniers, suivre le sort des Vaisseaux Anglois destinés pour les différentes parties du monde ; mais M. *Pigott*, Gouverneur de Madras, eut la bonté de me distinguer, & de laisser à mon choix la voie par laquelle je désirois être transporté en Angleterre. Je choisis celle de Bengale, comme la plus prompte alors pour me rendre en Europe, & par rapport au bon accommodement que M. *Pigott* me ménageoit sur le Vaisseau *le Hawke* que j'y devois trouver. Je me louerai toute ma vie des distinctions & des égards qu'il voulut bien avoir pour moi: Je comptois, par cet arrangement, adoucir bien les incommodités & les fatigues de ma traversée en Europe. La crainte de faire un si long voyage avec plus de cinquante Prisonniers de guerre de toute espece, fort à l'étroit & mal à mon aise, mais sur-tout celle d'être réduit, comme on m'en avoit prévenu, à la dure nécessité de ne vivre pendant sept à huit mois que de viandes salées, quoique la Compagnie Angloise eût donné des ordres contraires, m'avoit fait prendre ce parti, comme le plus sûr dans les circonstances : ce fut la cause de mes malheurs.

Le Vaisseau *le Hawke*, sur lequel je devois passer en Europe, partit sans moi de Madras, pour se rendre à Bengale, parce que toutes mes affaires n'étoient pas encore arrangées. J'eus donc ordre de me disposer à l'aller joindre par la premiere occasion qui se présenteroit & qui ne pouvoit être éloignée, dans une saison où toutes les semaines il partoit des Vaisseaux pour le Golphe.

Le premier Vaissau qui se trouva prêt, fut l'infortuné *Fattysalam*, qui avoit été construit à Bombay (2), & qui n'avoit jamais vu d'autres mers que celles de l'Inde. Il étoit destiné à porter une grande partie des munitions de guerre prises par les Anglois à Pondichery, & près de 600 hommes de troupes de terre qu'on jugeoit à propos d'envoyer à Bengale, parce qu'après la réduction de Pondichery, on n'en avoit plus besoin sur la côte.

Ce fut dans ce malheureux Vaisseau que je m'embarquai le 26 Août 1761, & nous mîmes à la voile le même jour. Le deuxieme jour 28, entre dix & onze heures du matin, le Capitaine

---

(2) Etablissement Anglois, sur la côte de Malabar.

du Vaisseau, qui n'étoit malheureusement que de ces Capitaines frettés dans le besoin, dit en confidence au Major *Gordon*, qui commandoit les troupes Angloises, qu'il y avoit sept pieds d'eau dans le fond de cale, que l'eau gagnoit toujours, malgré le travail des hommes, & que nous n'avions par conséquent que deux heures à vivre ou à nager sur l'eau.

Il y avoit déja près de deux heures que tout le monde travailloit à soulager le Vaisseau en jettant tout dans la mer. Mes malles & cassette, qui contenoient presque toute ma fortune, n'en furent pas exemptes : ainsi je perdis, dans ce moment, la plus grande partie de mon bien, qui, avec le fruit de mes campagnes, montoient à plus de 100 mille roupies. J'oubliois en cet instant, cette perte considérable, pour observer le Capitaine, que je ne perdois point de vue. Je le vis parler au Major avec un air consterné, qui annonçoit le plus grand malheur; j'avançai vers eux, & je demandai du ton le plus bas, en Anglois, de quoi il étoit question. M. Gordon me répéta, d'une voix tremblante, ce qu'il venoit d'apprendre du Capitaine. Cet effrayant arrêt me frappa, sans m'ôter le pouvoir d'agir, & de prendre sur le champ mon parti. Je coupai cours à toutes paroles inutiles ; je demandai seulement au Capitaine, si en nous emparant de la chaloupe qui étoit chargée de cochons & à la traîne du Vaisseau, nous pouvions nous sauver. Il me répondit, de l'air le plus triste & le moins consolant, que cet expédient pouvoit nous faire survivre, de quelques heures, ceux que nous laisserions à bord ; mais qu'il ne croyoit pas ce moyen praticable parmi tant de soldats & de matelots. Cette réponse me fit comprendre qu'il n'y avoit aucune ressource dans l'imbécille Capitaine. J'adressai tout de suite la parole à M. Gordon, en lui disant que le succès étoit sûr, que j'en répondois, s'il vouloit suivre mon avis. Il me le promit ; j'ajoutai qu'à l'égard du Capitaine, il n'avoit qu'à bien observer trois choses, encourager de son mieux tout le monde, se taire sur notre projet, & nous suivre lorsqu'il nous verroit dans la chaloupe. Il nous quitta dans le même instant. Restés seuls, le Major & moi, nous concertâmes notre évasion du Vaisseau, & nous l'exécutâmes en moins de dix minutes. Il descendit de la chambre du Conseil, par un escalier dérobé, dans la grande chambre, pour faire part de notre projet aux Officiers de son Régiment qui s'y trouveroient ; car les momens étoient trop précieux pour les aller chercher ailleurs. De mon côté, j'appellai mon domestique, excellent sujet, dont j'étois bien sûr (1), & je lui dis en deux mots de quoi il s'agissoit. Je fermai moi-même aussi-tôt la porte de la chamre du Conseil, pour qu'on ne vît point du gaillard ce que nous allions faire. Comme le Vaisseau, quoique très-gros, n'avoit point de galerie, je fis sortir mon domestique par une des fenêtres de cette chambre, & il descendit dans la chaloupe à l'aide d'une corde qui se trouva sous la main. Je le munis auparavant de mon épée & d'une hache, avec ordre de s'en servir pour repousser sans miséricorde tous ceux qui voudroient s'accrocher à la chaloupe, à moins qu'il ne les vît venir de l'endroit où je me tenois, pour conduire notre descente. Tout fut très-bien exécuté : ce domestique intelligent nous conserva la chaloupe, jusqu'à ce que tous ceux qu'elle devoit recevoir y fussent descendus ; & notre petit embarquement se fit avec tant de bonheur ou de promptitude, qu'il ne fut point obligé de se servir de ses armes

---

(1) Il avoit été soldat dans ma Compagnie, que je conservai comme Etranger, quoique dans l'Etat Major de l'Armée : il fût aussi prisonnier de guerre ; mais j'avois obtenu sa liberté de M. Pigott.

afin de défendre l'abordage. Nous fûmes assez heureux pour empêcher un Capitaine, nommé Scot, du Régiment de Coote, d'être noyé. Il oublia par la suite ce service où j'étois pour quelque chose. Aussi-tôt que le Capitaine, qui, par son peu de résolution, manqua de perdre la chaloupe, fut entré avec les autres, notre premier soin fut de couper la corde qui l'attachoit au vaisseau & de nous en éloigner, ensorte que nous nous trouvâmes, en peu de temps, assez loin de-là.

Nous voilà dans un frêle esquif tout ouvert, abandonnés aux vents & aux flots, au nombre de vingt-cinq personnes, parmi lesquelles étoient deux jeunes femmes d'Officiers Anglois du Régiment de *Coote*, tous mal accommodés, mal vêtus, & pêle-mêle avec les cochons. Il s'agit d'abord de se faire place, pour pouvoir un peu s'arranger : nous nous mîmes tous à jetter les cochons dans la mer. Mais une heureuse réflexion de quelqu'un d'entre nous, en fit garder sept, pour, à tout événement, n'être point réduits à l'horrible nécessité de nous manger les uns les autres, malheur qui nous seroit arrivé sans cette misérable ressource. Le Bateau ainsi soulagé, il fallut nous occuper d'un autre soin tout aussi pressant. Chacun se dépouilla, soit de son habit, soit de sa veste, pour faire une espece de voile qui pût servir à gouverner notre barque ; les deux jeunes femmes sauvées avec leur maris, Officiers Anglois, furent aussi obligées de donner chacune un des deux cotillons qu'elles avoient sur elles, & qui n'étoient que de mousseline. De toutes ces pieces réunies, & attachées ensemble avec nos mouchoirs, qui furent déchirés par lambeaux, nous fîmes une maniere de voile, aussi bizarre que peu solide.

Pendant que l'on y travailloit, nous apperçûmes le malheureux Vaisseau qui faisoit continuellement des signaux, pour nous faire entendre que tout étoit réparé, & nous engager à revenir. C'étoit un piege que nous tendoient nos pauvres compagnons de voyage, pour s'accrocher à notre chaloupe. Si nous avions eu l'imbécillité d'en croire notre Capitaine, qui donnoit dans un panneau si sensible, nous serions retournés les joindre, & nous aurions tous péri. Mais nous n'eûmes garde d'approcher d'eux, & bien nous en prit : car ce Vaisseau, quelques minutes après, nous offrit le plus affreux spectacle. Il ne gouvernoit plus du tout : on le voyoit tantôt aller à la dérive, & tantôt tourner comme un tourbillon. Bientôt c'est un mât qui tombe ; un second mât suit, un troisieme : voilà le Vaisseau ras comme un pont, qui flotte encore au gré des vagues, mais qui semble n'être plus soutenu sur l'eau, que par les mouvemens continuels des malheureux dont les cris perçans nous frappoient d'horreur. Il vint une brume ; nous ne pûmes plus distinguer le Vaisseau, & il ne tarda guères à être englouti.

C'est toujours par comparaison qu'on est heureux ou malheureux. Que nous dûmes bénir le Ciel de nous avoir préservés du sort que subirent à nos yeux, près de 600 hommes restés à bord du Vaisseau ! Mais à quel prix étions-nous sauvés ! A quels maux nous réservoit le Ciel, & quelle situation que la nôtre !

Nous nous trouvions en pleine mer, dans un chétif bateau qu'une seule lame pouvoit renverser, sous la main de la Providence, sans boussole, sans compas, & pour tous agrêts, notre petite voile d'industrie qui demandoit toute notre attention.

Nous n'avions pas une goutte d'eau, ni de vivres d'aucune espece. Mouillés sans cesse par les vagues qui entroient dans notre bateau, continuellement occupés à jetter dehors l'eau, dont nous étions inondés, & malgré ce travail pénible, toujours tremblans de froid, parce que nous n'avions, pour nous couvrir, que très-peu de hardes & toutes trempées : c'eſt en cet état que nous voguâmes à la merci des flots pendant ſept jours & ſept nuits. Notre ſeule nourriture étoit une cuillerée & demie de ſang de cochon, que l'on diſtribuoit à chacun pour la ſubſiſtance de vingt-quatre heures ; car pour nous en donner quelquefois juſqu'à deux cuillerées, il falloit y mêler de l'eau de la mer, & jamais rien ne fut plus exactement meſuré que cette modique portion. Pluſieurs d'entre nous, qui avoient l'appétit & l'eſtomac également bons, mangerent de la chair de cochon toute crue, & l'on en tuoit un chaque jour, en ſorte que nous n'en avions plus le ſeptieme. Le fort de mon régal, à moi, étoit du foie ou du ſang coagulé, que je ſuçois ſeulement & rejettois enſuite ; mon domeſtique qui nous ſervoit de Boucher, me faiſoit toujours ce cadeau à l'inſu des autres.

Le ſeptieme jour entre minuit & une heure, nous crûmes entendre un bruit qui nous parut d'abord fort étrange, mais que nous jugeâmes enſuite provenir du choc des briſées de l'eau contre quelques rochers ou contre quelques côtes ſans bords. Nous flottions entre la frayeur & la joie, & nous attendions impatiemment le jour. Il vint, ce jour si lent à notre gré, & tout disparut. Jugez de la révolution qu'une légere espérance, détruite aussi-tôt que conçue, fit éprouver à chacun de nous dans l'ame & le corps. Nous fûmes replongés à l'instant dans une consternation si profonde, que nous n'y aurions pas résisté, si la main de Dieu ne nous en eût tirés promptement.

Le même jour, vers les sept heures du matin, quelqu'un cria : *Terre ou quelque chose d'approchant*. Nous distinguâmes à l'horison, une nuance que le desir ardent de trouver la terre, fit croire à plusieurs d'entre nous que ce l'étoit effectivement. Voilà donc la nature encore une fois secouée par une lueur d'espérance. Nous dirigeâmes notre route vers le point que l'horison nous montroit, & à neuf heures, nous commençâmes à distinguer en effet des côtes; mais nous ne vîmes bien la terre, que quand nous fûmes sur la plage, parce que la côte étoit extrêmement basse. Il n'est pas possible, Monsieur, je ne dis pas de vous décrire, mais de vous faire imaginer seulement l'effet que cette heureuse vue fit sur nous. Nous éprouvâmes tous, à l'instant, je ne sai quelle impression de joie, de vigueur & de vie, dont notre ame étoit pénétrée, comme on est pénétré par la chaleur,

chaleur, lorsqu'après un froid excessif on se trouve auprès d'un grand feu qui ranime tout-à-coup nos ressorts. Nous sentions délicieusement notre foible existence, & ce sentiment répandu dans toutes nos facultés, sembloit nous redonner un nouvel être. Il n'est donc réservé qu'à nous de connoître les inexprimables douceurs d'un moment, dont nulle situation de la vie ne peut sûrement donner d'idée.

Il s'agit maintenant d'aborder cette terre, & de débarquer; c'étoit l'embarras : car la Barre étoit très-forte, & la solitude de la Côte, où l'on ne voyoit ni maison, ni homme, ni Shillingue (1), prouvoit mieux que le témoignage du pusillanime Capitaine, qu'aucun bateau Européen n'y avoit encore abordé. On tint conseil, & l'on résolut de tenter l'aventure, en disant que *se sauveroit qui pourroit*. Cet avis, appuyé par ceux qui savoient nager, & sur-tout par le Capitaine, qui osa même dire hautement qu'il étoit bien sûr, lui, de se sauver, étoit trop contraire à l'humanité pour être entendu de sens-froid. Car c'étoit annoncer à ceux qui malheureusement n'étoient point aussi

---

(1) Bateau servant à débarquer & à embarquer.

familiarisés avec l'eau, sur-tout aux deux femmes dont nous étions chargés, & à moi qui ne savoit pas plus nager qu'elles, une mort presqu'inévitable, à moins que Dieu ne voulût faire un nouveau miracle en notre faveur. Je m'élevai donc contre cet avis, & je dis d'un ton ferme au Capitaine : *Que cette barbare résolution ne seroit point exécutée, tant que j'aurois un souffle de vie ; que puisqu'une partie de nous étoit dans le même cas que moi, ainsi que mon domestique, qui m'étoit aussi cher que moi-même, c'étoit au Capitaine à gouverner le bateau, de maniere que nous pussions aborder tous sains & saufs.* J'ajoutai, lui tenant l'épée nue en face, *qu'il me répondroit sur sa vie, de celle de tous tant que nous étions. En même tems je dis à mon domestique, ainsi qu'à un grenadier François, déserteur, de se tenir prêt au premier signal que je leur ferois, pour agir contre ceux qui voudroient s'y opposer.*

A ces paroles, un Officier Anglois nommé *Scott*, homme furieux & toujours porté aux partis les plus violens, s'écria : « Comment, » un seul Irlandois François, & prisonnier de » guerre, prétends ici nous faire la loi, & » ose nous traiter de barbares ! » *Monsieur*, lui dis-je tranquillement, *voilà ce que c'est* qu'un Irlandois François : notre malheur commun nous rend tous égaux, je suis libre ici comme vous ; & je le répete, au hazard de toutes les satisfactions que l'on voudra me demander quand nous serons à terre, le Capitaine me répondra de tous nos compagnons. L'Irlandois François, ainsi que son domestique & le grenadier François, sur qui il compte, quoique déserteur, en useront de même contre ceux qui seroient de l'avis barbare du Capitaine. Celui-ci, intimidé, chargea deux Lascares Maures, bons nageurs, que nous avions sauvés avec nous, de se tenir auprès de moi & de ne point m'abandonner que je ne fusse à terre. J'exigeai également de bons nageurs auprès de mon domestique & du grenadier François, qui dit tout haut qu'il perdroit sa vie pour moi ; je n'oubliai point les deux jeunes femmes. Tout cela fut fait, & le Capitaine prit aussi-tôt le gouvernail du bateau ; il manœuvra si habilement, ou plutôt avec tant de bonheur, que nous prîmes terre sans aucun accident. Mais, voici ce qui nous arriva. Douze de nos compagnons, par une impatience assez naturelle, voulurent sauter à l'instant que le bateau toucha, & quelques-uns de ceux mêmes qui savoient nager, penserent périr. De plus, ils se trouverent tous séparés de nous, le bateau ayant été jetté par deux lames dans une riviere que nous n'apperçûmes que quand nous y fûmes entrés. Cette riviere étoit si rapide, que notre bateau fut bientôt échoué, & nous n'eûmes rien de plus pressé que de gagner la terre à notre tour.

Je voudrois bien pouvoir peindre ce moment; mais, comment me le retracer avec toutes ses circonstances, avec la naïveté, l'énergie, la vérité de la nature ? Nous sentîmes à peine la terre, que chacun occupé de soi, & de l'unique sentiment de sa propre conservation, ne pensoit presque plus aux autres. Nos yeux ne cherchoient que de l'eau douce, & de quoi soutenir un souffle de vie. Un des Officiers Anglois devint fou dans la chaloupe, par l'effet de la soif: sa langue devint tout-à-fait noire & séche. Nous appercevons un petit lac, & nous sommes tous à l'instant sur le bord à plonger comme des canards, la tête dans l'eau, pour étancher une soif horrible, une soif de huit jours entiers, d'où n'approche aucune ardeur de fiévre. Il faudroit avoir aussi long-tems éprouvé le feu dévorant de la soif, de tous les besoins de la vie le plus insupportable & le plus pressant, pour concevoir quelle étoit la nôtre, & notre empreſſement à l'éteindre. Dans une pareille ſituation, on donneroit, pour un verre d'eau, tout l'or & tous les diamans de l'Inde, on donneroit le monde entier : imaginez, d'après cela, nos longues ſouffrances, notre emportement ſur les bords du lac, & les délices que nous goûtâmes. Après nous être raſſaſiés d'eau, nous nous mîmes à manger, les uns de l'herbe, d'autres des coquillages qui ſe trouverent heureuſement à l'endroit où nous étions débarqués ; nous n'eûmes pas d'autre nourriture pendant 48 heures.

Cependant notre diviſion en deux bandes commençoit à nous affliger. Nous cherchions toujours à nous rejoindre, & n'en pouvant venir à bout, à cauſe de la profondeur du torrent qui nous ſéparoit, chaque bande de ſon côté ſe mit en marche pour gagner l'intérieur du pays, & chercher quelque habitation. Les terres où nous nous trouvions alors, étoient celles du Raja d'Arſapour, peu éloignées de l'embouchure du Gange & de la pointe de *Palmeras*. Nous n'étions pas fort avancés, lorſqu'on nous tendit un piege pour s'emparer plus aiſément de nous. Deux Pêcheurs qui nous avoient apperçus, furent chargés de nous dire de reſter où nous étions. Ils nous aſſurerent que le Chef du lieu étoit averti de notre arrivée dans ſes terres, qu'il ſavoit notre déſaſtre & notre ſituation, que c'étoit un Seigneur bienfaiſant, & qu'il ne tarderoit pas à nous envoyer des ſecours de toute eſpece. En effet, quelques heures après, on nous apporta du riz & de la mantegue (4), avec les complimens du Raja, en nous promettant de ſa part que le lendemain on nous mettroit à l'abri des injures de l'air, & surtout du ſerein, qui eſt très-dangereux dans ce pays-là. On nous tint parole ; on vint le lendemain nous chercher, mais ce fut pour nous conduire dans une petite Iſle, où l'on nous retint captifs. Chacune de nos deux diviſions fut conduite par un chemin différent, & ne ſçut point ce qu'étoit devenue l'autre. Nous y reſtâmes pendant ſix ſemaines, n'ayant pour toute nourriture que du riz noir, que l'on nous fourniſſoit en payant, & deux fois du poiſſon ſalé, déteſtable ; encore falloit-il bien de l'intrigue, & vendre tout ce que nous avions ſur nous, pour avoir ces

---

(4) Sorte de beurre ou de ſain-doux, formé de la graiſſe de porc.

deux articles. Nous trouvâmes pourtant le moyen d'apprivoiser un peu les Maures commis à notre garde, & de nous procurer quelques douceurs. Une de nos Dames, Mistris *Teatte*, Irlandoise, qui avoit une fort jolie voix, leur chantoit des Chansons Angloises, qu'ils écoutoient, sans y rien comprendre, avec beaucoup de plaisir; cette complaisance nous valoit de tems en tems quelques fruits & d'autres rafraîchissemens. Cependant l'eau que nous buvions étoit si mal-saine, qu'il mourut treize de nos compagnons, tant d'une bande que de l'autre, & que les douze survivans étoient tous fiévreux, hydropiques, livides ou jaunes, & si défigurés, que l'on ne pouvoit plus distinguer si nous étions Européens.

Mais comme il n'est point de misere qui fasse perdre l'espérance, ou l'idée de s'en délivrer, nous étions sans cesse occupés des moyens de sortir de notre Isle. Les deux Lascares Maures, que nous avions dans notre bande, nous parurent propres à ce dessein. On écrivit avec un crayon, qu'une de nos Dames avoit conservé par hazard, un billet pour Barasole, où les Anglois ont une petite factorie; nous engageâmes les Lascares à se charger de ce billet, & nous leur promîmes tous folidairement une fomme d'argent confidérable, quand nous ferions tirés d'efclavage, & arrivés au premier établiffement Européen. Nos Lafcares confentirent à tout, malgré les difficultés du voyage, & partirent. Il leur fallut traverfer trois ou quatre rivieres à la nage, & marcher toujours la nuit, pour dérober leur pifte aux gens du pays. Après bien des périls évités par leur induftrie, ou franchis par leur adreffe, ils parvinrent à Catteck, grande ville de l'Inde, & réfidence d'un Raja ou Chef des Marates. Les deux Maures, comme étrangers, furent menés devant le Raja, & interrogés fur leur miffion : ils raconterent notre naufrage, les miferes que nous avions effuyés depuis, & notre captivité chez le Raja d'Arfapour. Ils n'oublierent pas d'ajouter qu'il y avoit parmi nous deux jeunes femmes blanches, & que les hommes étoient des gens de diftinction. Le Chef Marate leur demanda fi les hommes étoient propres à faire des foldats, fi les femmes étoient bien blanches, & fi elles étoient affez jolies pour être mifes dans fon ferrail. Sur la réponfe des Lafcares, le Raja envoya chercher fur le champ le fils du Raja d'Arfapour, qu'il avoit alors en ôtage, & lui ordonna d'écrire à son pere, de faire, à lettre vue, partir pour Catteck les Européens, hommes & femmes, qu'il retenoit depuis deux mois captifs dans une Isle. Il eut soin d'ordonner aussi, conformément à la politique de tous les petits Souverains de l'Inde, qu'on nous fît passer par les plus mauvais chemins & par des routes non-pratiquées, pour nous dérober le plus qu'on pourroit la connoissance du pays. L'ordre de partir étant venu séparément aux deux bandes, nous nous mîmes en route avec nos guides, chacuns de notre côté, & après quelques heures de marche, nous nous rencontrâmes. Il y avoit deux mois que nous étions séparés, & depuis cette séparation, nous n'avions pas eu de nouvelles les uns des autres; je vous laisse imaginer quelle fut notre joie en nous revoyant. Nous nous apprîmes mutuellement la mort de ceux de nos compagnons que chaque bande avoit perdus; & de véritables squelettes, des spectres ambulans, qui se traînoient à peine, se félicitoient de respirer encore. Notre voyage, pour arriver à Catteck, étoit de quatorze grandes journées; nous fîmes ce chemin à pied, & presque tous sans chaussures; nos journées étoient fort petites, parce que nous étions tous malades, tous exténués de foiblesse, & que marchant presque toujours dans les marécages, nous étions dans les boues jusqu'à la ceinture. Nous avions plusieurs grandes rivieres à passer, il fallut les traverser à la nage. Ceux qui savoient nager, aidoient les autres. Nos deux jeunes Angloises, qui certainement n'étoient pas faites pour tant de peines, étoient dans un état déplorable, & la seule vue de ces pauvres femmes sembloit encore aggraver nos maux. Une d'elles, Madame *Nelson*, mourut à quatre journées de Catteck : l'autre, quoique grosse de trois mois, eut le bonheur d'y arriver saine & sauve.

Tout excédés que nous étions de fatigues, à la fin de chaque journée, nous étions obligés de passer la nuit sous des arbres, parce que les gens du pays ne nous permettoient pas de mettre le pied chez eux, la pratique de l'hospitalité à l'égard des Européens, leur étant défendue par leur Religion ; dans le cours de ce voyage, nous ne trouvâmes que deux Chauderies (5). Enfin nous arrivâmes à Cat-

---

(5) Ce sont des hospices de charité, à l'usage des Voyageurs Indiens.

teck, les uns quelques jours devant les autres. Là nous apprîmes que les Anglois avoient encore une Factorie, & nous nous y rendîmes aussi-tôt ; mais nous n'y trouvâmes que des Cipayes à leur solde, & pas un seul Européen. Les Cipayes nous firent un très-bon accueil, & touchés de notre état, ils allerent d'abord au Bazard (6) nous chercher des gallettes. Nous les dévorâmes, en buvant de l'eau qu'ils nous donnerent à discrétion, & nous fîmes un repas délicieux. Après avoir bien remercié ces pauvres Cipayes, & nous être félicités de nous trouver enfin sous un toît, à l'abri des injures de l'air, nous songeâmes à nous reposer, & nous nous mîmes tous à dormir. Nous comptions que le Chef des Marates nous feroit venir devant lui, pour donner quelque ordre à notre sujet, mais nous apprîmes qu'il étoit allé faire une tournée du côté des Pagodes de Jean Grenade ; & son Ministre, ou Représentant, n'ayant rien ordonné pour nous, on ne nous envoya pas la moindre subsistance. Ainsi les Cipayes continuerent à nous nourrir le moins mal qu'ils

---

(6) C'est le Marché.

purent. Comme ils avoient du crédit au Bazard, ils nous procuroient du riz, un peu de mouton, & des épices pour faire des Carries (7) : ce fut-là pendant quinze à vingt jours notre nourriture ordinaire.

Pendant notre trajet de l'Isle où nous avions été captifs, à Catteck, les deux Lascares, nos Libérateurs, qui avoient sçu taire au Chef des Marates la commission dont ils étoient chargés de notre part, avoient continué leur voyage, étoient arrivés à Barasole, & avoient donné de nos nouvelles aux Anglois. Ils étoient ensuite passés à Calcuta, & enfin avoient été trouver M. *Vansettard*, Gouverneur pour les Anglois à Bengale. M. *Vansettard* ne perdit point de tems pour nous envoyer des secours ; mais l'éloignement des lieux fit que nous ne pûmes les recevoir que vingt ou vingt-cinq jours après notre arrivée à Catteck. Il sollicita beaucoup les Marates, entre les mains de qui nous étions, pour obtenir notre liberté ; mais comme ils étoient alors assez mal avec la Compagnie Angloise,

---

(7) Ragoût composé de riz, de viandes & d'épices ; sorte de *Pillau* ou de *Pelau*, comme on prononce.

& qu'ils font souvent très-hauts , parce qu'ils vivent sous un gouvernement militaire , ils ne voulurent pas accorder une pareille grace à des Marchands. Il fallut donc que le Vainqueur de l'Inde , M. *Coote* , demanda notre élargissement , qu'il obtint sans peine.

Bientôt toute notre troupe fut empressée de se rendre à Barasole , ce qui étoit une affaire de six jours. Pour moi , & mon fidele domestique , nous n'attendîmes point l'ordre général du départ, nous prîmes ensemble les devants. J'avois trouvé à Catteck un Européen , Moscovite de nation , qui avoit été Canonnier dans l'armée de M. de Bussy , & qui étoit devenu Chef d'artillerie des Marates. Comme il parloit & entendoit la Langue Françoise, sans lui dire précisément qui j'étois, je le sondai sur ses sentimens à l'égard de M. de Bussy. Il m'assura que c'étoit lui qui avoit donné aux Asiatiques la plus haute idée des Européens ; qu'il le regretteroit toute sa vie , & ne cesseroit de l'adorer , ce furent ses termes. Sur cette ouverture , je lui dis que je connoissois M. de Bussy , que j'avois une très-haute idée de son mérite ; que j'étois François & Prisonnier de guerre des Anglois ; que j'avois avec moi un domestique à qui j'étois fort attaché, & que je désirois bien de pouvoir nous tirer promptement de Catteck. Il me répondit qu'il se chargeoit de me faire partir, pourvu que les autres n'en sussent rien qu'au moment de notre départ. Je gardai le secret, & en effet il obtint une espece de permission pour moi & pour mon domestique. Je louai aussi-tôt deux Doulis (8) pour nous porter à Barasole, qui est le Comptoir Anglois le plus proche. Je vendis, pour payer ces Doulis, & pour nous nourrir dans le voyage, un porte-col & des boutons de manches qui me restoient pour tout bien. Je pris ensuite congé de mes compagnons, en leur apprenant, sans rien déguiser, comment & par quel moyen j'avois obtenu la permission de partir, afin qu'ils pussent se servir de la même voie. Le voyage de Barasole pensa nous être encore funeste. Deux fois nous fûmes attaqués par des Tigres, & nous eûmes la douleur de voir enlever, à quelque pas de nous, par un de ces cruels animaux, un Maure de notre suite, qui nous avoit été fort utile à tous égards

---

(8) Sorte de brancards portés par des hommes.

dans nos miseres. Le mème Tigre, après avoir achevé ce malheureux, ressortit du bois, & nous fixa tous d'un regard terrible ; mais nous tenant bien serrés ensemble, par notre fermeté & par le bruit que nous fîmes, nous l'obligeâmes de se retirer.

A mon arrivée à Barasole, je trouvai quelques Anglois qui alloient s'embarquer pour Bengale ; ils me proposerent de partir avec eux, j'eus à peine le tems de boire un coup, & je m'embarquai.

Nous fûmes six à sept jours à nous rendre à Calcutta ; le Gange étoit fort difficile à remonter, & nous pensâmes encore périr dans cette petite traversée, où l'on rencontre écueils sur écueils, périls sur périls. Quand nous fûmes arrivés à Goupil, je vis plusieurs vaisseaux de la Compagnie Angloise, & je priai les Anglois avec qui j'étois de me permettre de les quitter, pour aller à bord d'un de ces vaisseaux. Ils nous voyoient, moi & mon domestique, malades, épuisés & manquant de tout ; ainsi, moyennant deux roupies, le seul argent qui me restoit, on fit venir un bateau, qui me mit à bord du *Plassy*, vaisseau commandé par le Capitaine *Ward*. Quand je fus entré dans ce vaisseau, je crus être à la fin de mes peines, & tout étoit presque oublié. Le premier homme à qui je parlai, fut un Capitaine des Troupes de la Compagnie d'Angleterre, nommé M. *White*. Il nous prit (moi & mon domestique) pour deux soldats dévalisés. Notre figure & notre ajustement, également dignes de pitié, annonçoient l'état le plus misérable. Ce généreux Anglois, m'adressant donc la parole, me dit en sa langue: « Pauvre soldat, vous voilà bien mal équipés. » Qui êtes-vous, & d'où venez-vous » ? Je lui répondis : *Vous l'avez dit, je suis soldat, & voilà mon domestique qui ne l'est pas moins que moi : nous nous trouvons fort heureux d'exister encore.* J'ajoutai tout de suite que j'étois le douzieme échappé du vaisseau Anglois le *Fattysalam*, qui avoit péri, corps & biens, sur les Côtes de Coromandel ; que je devois la vie d'abord à mon courage de soldat à exécuter un stratagême qui m'avoit réussi, & puis aux soins de mon domestique, qu'il voyoit accablé de maux, & hors d'état de se tenir debout ; enfin que j'étois un Officier de l'Etat major de l'Armée du Roi, ayant rang de Colonel, prisonnier de guerre de Sa Majesté Britannique. M. *White* à l'instant même alla dans sa chambre ; il me fit apporter de quoi me changer

changer des pieds à la tête, & j'en avois aſſurément grand beſoin. Il y avoit plus de trois mois que je portois la même chemiſe, qui étoit toute en lambeaux ; mon domeſtique la trempoit ſeulement dans l'eau de tems en tems pour me ſoulager un peu. On revêtit auſſi ce pauvre garçon qui étoit tout nud. M. *White* me fit enſuite préſenter du chocolat & de quoi manger ; mais jétois ſi foible, que l'odeur ſeule du chocolat penſa me faire évanouir, & que je ne pus goûter de rien. Je bus du thé ; ce fut tout ce que que je pouvois faire. Je reçus mille honnêtetés de ce digne homme, M. *White*, & le Capitaine du vaiſſeau ne m'en fit pas moins. Quand j'eus changé de hardes, & que mon thé fut pris, ces Meſſieurs me propoſerent de remonter avec avec eux le Gange juſqu'à Calcutta, dans un bateau qu'ils alloient faire partir. J'y conſentis, mais très-chagrin de laiſſer dans le vaiſſeau mon cher domeſtique, qui étoit dans un fort accès de fievre. Cependant je n'avois point d'autre parti à prendre, & les bontés que ces deux Meſſieurs avoient, tant pour moi que pour lui, me raſſurant ſur ſon ſort ; je

C

m'en séparai, quoiqu'avec bien du regret (9).

Nous arrivâmes le lendemain à Calcutta. Le jour suivant je me rendis chez le Gouverneur, M. *Vansettard*, n'ayant point de vêtemens sur moi qui m'appartinssent. Il me fit assez de politesses, mais très-froides, & me dit de me loger. Un autre que lui, voyant mon état, après un pareil événement, m'en auroit fait chercher un lui-même, & m'y auroit fait conduire. J'appris avec étonnement le lendemain, qu'il ne m'avoit assigné pour toute subsistance que 120 roupies par mois. Quoique je manquasse de tout, je n'en dis mot : mais je sçus, quelques jours après, que d'autres bons & généreux Anglois, militaires sans préjugés de nation, lui représenterent le cruel événement, qu'il sçavoit comme eux, que je venois d'essuyer; la perte considérable que j'y avois faite ; que j'étois Aide-Maréchal-Général des Logis de l'Armée du Roi, Colonel de plus, & que ma charge dans l'Etat-Major de l'Armée annonçoit un Officier de distinction, puisqu'elle étoit souvent rem-

___

(9) Il mourut peu de tems après dans l'Hôpital Anglois de Calcutta, où chacun, malgré mes défenses, lui portoit en abondance des choses délicates à manger.

plie par des Officiers-Généraux ; qu'enfin j'avois conservé, comme Etranger, une Compagnie dans les Troupes du Roi ; que sûrement tout ce que l'on m'avanceroit, seroit remboursé, & que j'avois eu en maintes occasions des procédés fort nobles & fort généreux pour des prisonniers Anglois, tant civils que militaires.

Ces Messieurs croyoient qu'après un pareil entretien avec M. *Vansettard*, il augmenteroit mon traitement, & me feroit les avances dont j'avois si grand besoin. Mais il n'en fit rien, & je n'ai jamais sçu à quoi attribuer sa conduite à mon égard. J'ai soupçonné & soupçonne encore qu'elle ne pouvoit provenir que de ce que j'étois Irlandois, au service de France, & par conséquent doublement haï à ce titre par M. *Vansettard*.

Manquant de tout, & à la veille d'un long voyage, je lui fis offrir toutes les sûretés qui étoient en mon pouvoir ; & comme il prétendoit que le Roi de France ne payoit point, je lui fis offrir à tirer des lettres de change sur notre Compagnie des Indes, entre les mains de laquelle j'avois quelques fonds ; mais celle-ci, disoit-il, ne payoit pas non-plus. Je ne pus donc inspirer à ce Gouverneur aucune confiance. J'en parlai forcément, presque au moment de mon départ, à M. Cootte, Commandant en chef, qui m'envoya la modique somme de 300 roupies. Le Gouverneur l'ayant sçu, me fit remettre à-peu-près la même somme. C'est tout ce que je tirai de lui, & je ne pus malheureusement me dispenser d'accepter de ces deux Messieurs ce foible secours, pour ne point laisser après moi les dettes que ma situation m'avoit forcé de contracter.

J'eus recours, pour terminer mes affaires, à mon bienfaiteur, M. White, & je ne dois pas oublier de nommer ici un M. Magée, Irlandois à Calcutta, qui me prouva en maintes occasions son bon cœur en me prévenant sans cesse sur les choses dont je pouvois avoir besoin. Je n'eus rien de plus pressé, à mon retour à Paris, que de remettre à notre Compagnie des Indes le petit état des foibles secours que j'avois reçus, afin de les faire rembourser à la Compagnie Angloise. M. de Bussy en avoit usé bien différemment avec tous les Anglois faits prisonniers, & pillés à ~~Maulipatam~~ [Patnam]. Sur l'état présenté par chacun de sa perte, il les fit rembourser tous sur le champ, jusqu'à la derniere roupie. Je ne sais si la Compagnie Angloise seroit d'humeur de me rembourser la perte considérable que je fis dans mon naufrage sur un de leurs Vaisseaux. Il sembleroit que le Roi ou la Compagnie Françoise seroit en droit de l'exiger, & cette marque de justice & d'équité doit d'autant moins coûter à la Compagnie Angloise, que j'étois le seul prisonnier de guerre sur ce malheureux Vaisseau. Le Roi est trop juste pour ne pas m'en dédommager par ses graces, & le Ministre de la Marine n'hésitera pas, sans doute, à les solliciter, dans tous les cas, en ce qui concerne son département.

Je reviens aux deux Lascares Maures : ce fut à Calcutta que je retrouvai ces deux hommes qui avoient opéré notre délivrance d'entre les mains du discourtois Raja d'Arsapour, & qu'ils m'apprirent toutes les circonstances de leur arrivée à Catteck, telles que je les ai marquées plus haut. Il a coûté à mon cœur de n'avoir pu les récompenser noblement, d'après les grands services qu'ils nous ont rendus.

Je partis le 2 Février 1762 de Calcutta, pour retourner à Goupil, dans le Gange, où étoit le vaisseau Anglois *le Holderness*, commandé par le Capitaine *Brooke*. Ce Capitaine me reçut fort honnêtement ; il me dit que j'aurois sa table pendant la traversée, & n'ayant point de chambre à me donner, il fit pendre mon hamac dans l'entre-pont. Ainsi je commençai ce voyage avec assez d'agrément, vu la fâcheuse situation où je voyois les autres. Au bout de quelques jours, étant en pleine mer, mes camarades, prisonniers de guerre comme moi, me regardant comme leur Chef, vinrent me faire part de la façon misérable dont ils étoient nourris, & couchés pêle-mêle dans la Sainte-Barbe, où ils ne pouvoient bien s'arranger à cause des voiles, & d'autres équipages qui remplissoient presque tout l'endroit. Je fis tout ce que je pus pour les porter à la patience, & j'en vins à bout quant au logement. Mais à l'égard de la nourriture, ils revinrent tant de fois à la charge, & me pressèrent si fort d'en faire des représentations au Capitaine, que, malgré toutes mes répugnances à toucher une pareille corde, je pris sur moi de lui en parler. Ma requête fut mal reçue; je ne pus réussir à faire changer la condition des plaignans. J'en fus si piqué, que pendant tout le temps que je mangeai avec le Capitaine & quelques passagers Anglois, je ne pus m'empêcher de faire voir le mécontentement que j'avois du traitement qu'essuyoient mes camarades. Je ne disois plus un mot à table, & ne parlant à personne, je dûs être fort à charge à la compagnie. Après quatre à cinq mois de navigation, nous arrivâmes à Sainte-Hélene, Isle Angloise dans l'Amérique Méridionale. Tous tant que nous étions de prisonniers de guerre, nous comptions pouvoir y débarquer pour nous rafraîchir : nous apprîmes avec surprise, qu'on ne permettoit à aucun de nous d'aller à terre, parce que la plupart des François, qui nous avoient devancés à cette relâche, s'y étoient, disoit-on, fort mal comportés. Nous voilà donc à vue de terre, sans pouvoir descendre. On eut cependant encore des égards particuliers pour moi : on me dit, que je n'avois qu'à feindre d'être indisposé, & que j'aurois la permission d'aller à terre. Je répondis que j'étois sensible à la préférence que l'on vouloit bien avoir en cette occasion pour moi, mais qu'heureusement je me portois assez bien pour refuser cette permission exclusive, & que j'étois incapable de feindre ; qu'au surplus je me trouvois honoré de partager avec les François tous les désagrémens qu'il plairoit à Messieurs les Anglois de leur donner ; que je faisois peu de cas d'un homme qui pouvoit penser autrement dans de pareilles circonstances ; que les Irlandois François étoient doublement François, & que la seule grace que j'osois demander pour mes camarades, étoit qu'on leur donnât des vivres frais.

J'obtins ce dernier article : on donna des vivres frais à mes camarades. Je me flattois qu'ils n'en manqueroient plus pendant le reste de la traversée en Europe ; mais peu de jours après notre départ de Sainte-Hélene, ils recommencerent à me faire des plaintes de leur mauvaise nourriture. Je ne pus gagner sur moi d'en parler davantage au Capitaine *Brooke*. Mais pour mettre fin à leur importunité, je m'adressai à deux Conseillers Anglois, qui n'étoient que passagers, & avec qui je mangeois : cela n'avança rien.

Un jour le Capitaine du Vaisseau donnoit à dîner à tous les Officiers du Convoi, & entr'autres, à M. *Norton*, Commandant du Vaisseau de Guerre l'*Assistance*. On fit tout ce que l'on pût pour m'engager à en être, je ne voulus pas absolument m'y trouver. Comme François & prisonnier de guerre, sur-tout comme Irlandois, je sentois bien que je n'étois pas bonne compagnie pour ces Messieurs ; je ne voulois pas les gêner ni les priver du plaisir de dire beaucoup de mal des François, sujet ordinaire de conversation dans la plupart de ces sortes d'assemblées. Pendant qu'ils étoient

à table, tous les Officiers François s'aviserent d'aller leur porter leur dîner, pour leur montrer de quelle maniere on les nourrissoit. J'étois dans ce moment, dans une chambre de l'entrepont ; j'appris avec la plus vive douleur cette humiliante démarche, qui me compromettoit visiblement. On les fit descendre au plus vîte dans la Sainte-Barbe, on y mit une sentinelle, & je fus aussi consigné. Nous restâmes en cet état jusqu'au lendemain, que le Capitaine nous fit prier de monter à sa chambre. Lorsque nous y fûmes, il m'adressa la parole, & me demanda de quoi j'avois à me plaindre. « De rien Mon-
» sieur, pour ce qui me regarde, lui-dis-je,
» au contraire, je me loue de vous ; mais,
» je me plains beaucoup du traitement que
» vous faites à des prisonniers de guerre pour
» lesquels vous avez eu trente livres sterlings ».
Il y a donc, à ce que je vois, des mécontens parmi ces Messieurs, reprit froidement le Capitaine. » Ils le sont tous, lui répondis-je ».
Eh bien ! dit-il, je m'en déferai, ou du moins, de partie d'entr'eux. « Ils en seront charmés,
» repartis-je, » & je n'ajoutai rien davantage.
Une heure après cette explication, il m'envoya, par son Lieutenant, les noms de cinq Offi-

ciers François qu'il alloit envoyer avec moi à bord du Vaisseau de Guerre l'*Assistance*. J'allai le trouver aussi-tôt pour le remercier, & je lui dis : " Capitaine, vous avez cru me punir en
" me faisant quitter votre bord, vous vous
" êtes trompé ; je ne puis être bien nulle part,
" quand je sais que mes camarades pâtissent ".
Après cet adieu, les cinq exilés du vaisseau Marchand, & moi à la tête, nous allâmes joindre le Vaisseau de guerre.

Arrivés à bord, le Capitaine *Norton* ne voulut voir que moi de notre bande. " Je suis
" fâché, Monsieur, me dit-il, de vous voir
" ici. Vous n'y aurez pas de viande fraîche ;
" on ne donne que la portion de deux Matelots
" à trois François. Je vais cependant envoyer
" savoir du Capitaine *Brooke*, que vous venez
" de quitter, s'il veut bien qu'on vous donne
" la portion entiere de Matelot. N'en faites
" rien, Monsieur, répondis-je : un François
" ne se plaint jamais des rigueurs du sort que
" lui font éprouver ses vainqueurs. J'avois pour-
" tant, je vous l'avoue, une toute autre idée
" de la générosité Angloise à l'égard des pri-
" sonniers de guerre ; mais je ne vous demande
" aucune grace, & n'en veux point recevoir

« de vous ». Je le quittai dans le moment, & j'ai passé trois mois à son bord ; sans presque le voir & sans lui parler.

On nous avoit enfin accordé toute la portion de Matelot, & nous aurions été réduits à vivre ainsi le reste du voyage, si tout l'État-Major du Vaisseau, composé des plus honnêtes-gens du monde, n'avoit eu plus d'humanité. Ces vrais & bons Anglois, qui, suivant l'usage de la Marine Angloise, avoient leur table particuliere, dès le premier soir de notre arrivée, exigerent de moi que je mangeasse avec eux, & m'engagerent encore à leur amener tel Officier des nôtres que je voudrois, pour me tenir compagnie. Ce n'étoit pas-là faire leur cour à M. *Norton*, & leur bienfait en a plus de prix. A l'égard de nos camarades, ils leur assignerent différentes tables où ils étoient bien. Je ne puis donner trop d'éloges aux procédés de ces Messieurs ; je desirerois sincérement pouvoir me souvenir de leurs noms, pour les consigner dans cet écrit, & les graver profondément dans mon cœur.

Quand nous fûmes arrivés dans la Tamise, j'eus encore une petite mortification ; je fus obligé de rester plusieurs jours à bord, sans pouvoir descendre à terre, parce que je ne voulus pas y descendre seul, & que j'exigeai la même grace pour les autres. Enfin, je débarquai à Londres, & j'en partis au bout d'un mois pour me rendre en France.

Si nous réunissons maintenant, M. le Comte, ce que les fatigues d'une guerre, où les campagnes étoient de douze mois, que j'avois déjà essuyées dans l'Inde, lorsque j'ai été fait prisonnier, & les peines que j'eus encore jusqu'à mon embarquement à Madras; la douleur de la perte que je fis en un instant, de presque toute ma fortune; ce qu'un naufrage, comme celui que j'ai foiblement crayonné, & notre affreuse vie sur la mer pendant sept jours & autant de nuits; ce que la plus dure captivité chez le Raja d'Arsapour, notre pénible voyage à Catteck, toute la misere qui ma suivi jusqu'à mon départ de Calcutta, & ce que huit à neuf mois de navigation pouvoient produire de désordre, accumuler de maux, préparer d'infirmités différentes, pour détruire le tempérament le plus vigoureux : vous qui connoissez la foiblesse du mien, pourrez-vous concevoir qu'un roseau ait résisté à tant de secousses capables d'abattre les plus forts chênes, & que je fois peut-être le feul de tous mes compagnons de fortune qui aie revu l'Europe ? Mais auſſi comment vous dépeindre l'état où j'étois en arrivant à Paris ? Il étoit tel, qu'il a fallu me régénérer en quelque forte ; fort heureux d'y furvivre & d'être en état de confacrer le refte de ma vie à fervir le Roi ; quelle confolation n'aurois-je pas de tous ces malheureux événemens, & de la perte confidérable de prefquetout mon bien, fi je favois que Sa Majefté eut connoiſſance que c'eſt pour fon fervice que je l'ai eſſuyé, & qu'elle voulut lire ce récit ! Il fe pourra que les Miniſtres même n'auroient pas le loifir de le lire, & cette idée eft affligeante. J'ofe efpérer cependant que les Miniſtres de la Guerre & de la Marine, fe feront un devoir indifpenfable de mettre fous les yeux du Roi, les graces & le dédommagement dont je fuis fufceptible.

> Heureux, qui peut voir du rivage
> Le terrible Océan par les vents agité !
> Heureux, qui dans le port peut plaindre en fûreté
> Ceux qui font dans l'horreur *d'un funeſte naufrage* !
>
> QUINAULT, *Opera de Phaëton.*

Je connois, M. le Comte, vos bontés particulieres pour moi, elles ne fortiront jamais de mon cœur ; & rien n'eſt plus propre à me donner bonne opinion de mes ſervices, que les ſuffrages invariables dont vous avez honoré mon zele & ma conduite.

Je ſuis avec autant de reſpect, que d'attachement,

Monsieur le Comte,

Votre très-humble & très-obéiſſant ſerviteur,

Le Comte de KEARNEY.

www.ingramcontent.com/pod-product-compliance
Lightning Source LLC
Chambersburg PA
CBHW070705050426
42451CB00008B/500